Ayman Al Armouti
Huda Iqbal
Adil Alshezawi

Natura della gestione della qualità presso UNB / UAE

AF154750

Ayman Al Armouti
Huda Iqbal
Adil Alshezawi

Natura della gestione della qualità presso UNB / UAE

ScienciaScripts

Imprint

Any brand names and product names mentioned in this book are subject to trademark, brand or patent protection and are trademarks or registered trademarks of their respective holders. The use of brand names, product names, common names, trade names, product descriptions etc. even without a particular marking in this work is in no way to be construed to mean that such names may be regarded as unrestricted in respect of trademark and brand protection legislation and could thus be used by anyone.

Cover image: www.ingimage.com

This book is a translation from the original published under ISBN 978-3-330-34811-0.

Publisher:
Sciencia Scripts
is a trademark of
Dodo Books Indian Ocean Ltd. and OmniScriptum S.R.L publishing group

120 High Road, East Finchley, London, N2 9ED, United Kingdom
Str. Armeneasca 28/1, office 1, Chisinau MD-2012, Republic of Moldova, Europe
Printed at: see last page
ISBN: 978-620-7-39529-3

Natura della gestione della qualità presso UNB / UAE

Fatto da:
Dr. Ayman Alarmouti
Professore assistente /Amministrazione aziendale
http://orcid.org/0000-0002-6892-2111
Ayman.alarmoti@khawarizmi.com
Collegio internazionale Al Khawarizmi
Città di Al Ain, Emirati Arabi Uniti
Signora Huda Iqbal e Signor Adil Alshezawi

Data:
2nd jun, 2017

Indice dei contenuti

Introduzione

In questo progetto i ricercatori hanno scelto la Union National Bank (UNB) per una ricerca sull'implementazione della qualità nei servizi. Come la banca ha implementato il concetto di Total Quality Management e gli strumenti di controllo della qualità che ha utilizzato per raggiungere il suo attuale livello di qualità. Il progetto è stato suddiviso in 3 fasi:

Nella Fase 1 è stato dimostrato il processo di raccolta dei dati, che ha richiesto l'identificazione dei problemi da affrontare rivolgendosi alla banca. La maggior parte della ricerca sull'UNB è stata effettuata dai ricercatori attraverso il sito web aziendale dell'UNB e i suoi rapporti annuali.

Nella fase 2 è stata dimostrata l'applicazione e la descrizione degli strumenti QCC pertinenti (7): diagramma causa-effetto, foglio di controllo, istogramma, diagramma di dispersione, analisi di Pareto, diagramma di flusso e diagramma di esecuzione. I risultati sarebbero stati giustificati dopo aver esaminato la logica dei dati raccolti, insieme all'applicazione passo dopo passo degli strumenti QCC.

Nella fase 3 sono state proposte delle raccomandazioni, spiegando la logica della proposta e applicando i criteri del premio Sheikh Khalifa Excellence.

Il progetto è stato realizzato in forma di "problem solving" per la

UNB, concentrandosi sull'applicazione degli strumenti TQM e QCC dalla fase di identificazione del problema fino alla fase di soluzione. Infine, il progetto indica alcune delle sfide principali affrontate dalla banca per gestire il rapporto di fornitura di servizi.

Obiettivi dello studio

Gli obiettivi principali di questo studio sono i seguenti:

• Identificazione del problema che richiede attenzione da parte dell'azienda di servizi (UNB).

• Applicazione degli strumenti QCC pertinenti per giustificare i risultati, insieme all'applicazione passo dopo passo degli strumenti QCC.

• Raccomandazioni per la proposta di candidatura dell'UNB al premio di eccellenza Sheikh Khalifa.

Contesto dello studio

È interessante notare che le questioni relative alla qualità nel mondo degli affari sono state responsabili dello sviluppo di nuove aziende e persino di industrie, come l'American Society for Quality e il Six Sigma. Il concetto stesso di qualità nel mondo degli affari si concentra sull'aumento dei ricavi che le aziende possono ottenere se hanno zero difetti nei loro prodotti e servizi, con la qualità ottimale attesa dai clienti. Gli errori possono presentarsi in qualsiasi forma, come la produzione di un numero di parte sbagliato, l'invio di estratti conto a clienti che hanno già chiuso il conto o l'invio di fatture errate ai clienti. Quando gli errori si ripetono nel tempo, i costi si accumulano in modo significativo, per cui l'eliminazione degli errori può portare a un aumento significativo dei profitti dell'azienda (Parker, J. R, n.d.).

Un'azienda che ha successo in un mercato competitivo per un lungo periodo di tempo ha clienti abituali per prodotti o servizi che soddisfano o superano le esigenze dei clienti. Se soddisfa o supera le esigenze dei clienti, deve fornire un prodotto o un servizio di qualità e farlo utilizzando buone pratiche commerciali (Parker, J. R, n.d.).

Qualità

È il grado di eccellenza, la conformità alle esigenze, l'idoneità allo scopo, il soddisfacimento dei requisiti del cliente e l'evitare problemi ed errori nel farlo. La qualità è nell'occhio del cliente, quindi le aziende devono fornire servizi di qualità per soddisfare le esigenze dei loro clienti (Parker, J. R, n.d).

Il costo della qualità

Non è raro che in un'industria di servizi, come quella bancaria, il costo della qualità superi il 30% del fatturato totale. Il costo della qualità comprende:

1. **Costi di prevenzione** - sono un investimento, poiché prevenire i problemi di qualità rende le aziende più forti.

2. **Costi di ispezione** - L'ispezione del lavoro del personale è responsabilità dei dirigenti.

3. **Costi di fallimento** - dopo che il servizio è stato consegnato al cliente, i costi devono essere evitati. Il fallimento è il problema di qualità più costoso. Il costo del richiamo di un servizio fornito in modo inadeguato è estremamente elevato (Parker, J. R, n.d).

Solo il cliente può verificare la qualità. La qualità è scoprire le esigenze del cliente a un costo accettato sia dal cliente che dal fornitore. La qualità del servizio che alla fine arriva al cliente esterno dipende dal controllo delle relazioni interne tra cliente e fornitore (Parker, J. R, n.d.).

Carta del servizio clienti

È importante che i dipendenti si impegnino nel servizio al cliente. Ogni azienda deve avere una carta della qualità:

• Realizzare un servizio di qualità tenendo conto della soddisfazione dei clienti;

• Sviluppare una cultura della qualità totale attraverso la leadership;

• Coltivare un approccio al miglioramento continuo;

• Ottenere il riconoscimento degli standard internazionali riconosciuti per i sistemi di qualità;

• Incoraggiare i fornitori e i dipendenti ad accettare la guida alla qualità;

• Formare i dipendenti attraverso la tecnica della qualità totale;

• Partecipare alle iniziative di benchmarking e di misurazione delle prestazioni (Parker, J. R, n.d.).

Sistemi standardizzati

ISO 9000 è una serie di norme sui sistemi di gestione della qualità (SGQ) elaborate dall'Organizzazione internazionale per la standardizzazione, un'associazione di 132 gruppi nazionali di normazione. Gli standard QMS ISO 9000 non sono specifici per i prodotti/servizi, ma si applicano alle procedure che li creano. Questi standard possono essere utilizzati dalle industrie manifatturiere e di servizi in tutto il mondo. Un'azienda che desidera ottenere la certificazione ISO deve soddisfare tutti i criteri indicati negli standard ISO e superare un audit dettagliato eseguito da un revisore ISO. È possibile raggiungere il livello di qualità desiderato all'interno di un'azienda con un sistema di qualità ben pianificato e senza dover affrontare tutte le fasi aggiuntive per la certificazione ISO. QS-9000, rilasciato nel 1994, è il derivato ISO 9000 per i fornitori dell'industria automobilistica. Questo standard di sistema di gestione della qualità contiene tutte le norme ISO 9001:1994, oltre alle esigenze specifiche del settore automobilistico e di altri produttori di apparecchiature originali (Parker, J. R, n.d.).

Garanzia di qualità

Il cliente deve avere la certezza della qualità del servizio fornito. La serie ISO 9000 fornisce ai fornitori le procedure per consentire il miglioramento di un sistema di gestione della qualità adeguato, in grado di garantire al cliente la qualità del prodotto/servizio. La versione ISO 9001:2000 si concentra sugli aspetti gestionali di base. Si tratta di un risultato molto positivo, dal momento che i punti deboli della banca hanno iniziato a manifestarsi secondo il management. Le aziende si concentrano sulla pianificazione aziendale, sulla comunicazione e sull'immagine che rappresentano nella comunità. Nella versione 2000 della ISO9001 la direzione deve:

- Condividere i dettagli con i propri clienti.

- Controllare il personale e le risorse per rispettare le scadenze.
- Certificare che il personale comprenda le proprie responsabilità.
- Pianificare le operazioni per certificare che i requisiti dei clienti siano soddisfatti.
- Formare il personale.
- Fornire attrezzature in condizioni di lavoro.
- Assicurarsi che i fornitori lavorino secondo gli stessi standard.
- Rivedere le procedure per garantire la conformità del personale.

La norma ISO9001:2000 offre un quadro di riferimento idilliaco per la riflessione, l'applicazione e l'osservazione dei problemi di gestione delle imprese. È utile per preparare una carta per la valutazione ingiustificata dei processi aziendali (Parker, J. R, n.d).

Implementazione di un servizio clienti di qualità

L'attuazione di un'iniziativa per un servizio clienti di qualità prevede tre fasi:

1. Creare un ambiente di qualità
2. Migliorare la qualità
3. Migliorare continuamente l'attività (Parker, J. R, n.d.).

Sistema di gestione della qualità (SGQ)

È una tecnica per comunicare ai dipendenti ciò che è richiesto per la qualità dei prodotti e dei servizi e per influenzare le azioni dei dipendenti per completare i compiti secondo le specifiche di qualità (Abahe, n.d.). Un sistema di gestione della qualità forte istituisce una visione per i dipendenti, stabilisce standard per i team, motiva i dipendenti, stabilisce obiettivi per i dipendenti, combatte la resistenza al cambiamento all'interno delle aziende e guida la cultura aziendale (Abahe, n.d.).

Storia del Movimento per la Qualità

Negli anni Cinquanta, W. Edwards Deming ha dato il via al controllo statistico dei processi (SPC) e agli approcci di problem solving. Egli riteneva che l'85% di tutti i problemi di qualità fosse colpa del management. Per migliorare questo aspetto, il management deve assumere un ruolo guida con le risorse e i sistemi. Gli acquirenti devono comprendere la qualità di tutti i prodotti e servizi, i loro requisiti e comunicarli ai fornitori.

In un sistema di qualità ben controllato, anche gli acquirenti dovrebbero poter lavorare a stretto contatto con i fornitori per soddisfare o superare i requisiti di qualità richiesti. Secondo Deming, il miglioramento del processo del SGQ deve affrontare: le cause sistematiche di errore (cattiva progettazione del prodotto/servizio, materiale inadatto, fatture improprie e situazioni fisiche inadeguate) e le cause speciali di errore (singoli dipendenti o attrezzature, mancanza di formazione, materiali scadenti o attrezzature rotte). Un'altra personalità significativa nel progresso del controllo qualità è stata Joseph M. Juran, che ha definito la qualità in base all'idoneità all'uso, alla qualità della progettazione, alla qualità della conformità, alla disponibilità, alla sicurezza e al campo. Ha sviluppato un metodo per percepire la qualità nel ciclo di vita del prodotto/servizio, dalla progettazione al rapporto con il cliente (Abahe, n.d.).

Gestione della qualità totale (TQM)

È una tecnica di gestione in cui la qualità si concentra in ogni aspetto dell'azienda. I suoi obiettivi sono rivolti al progresso a lungo termine. Il TQM analizza ogni processo e mette in evidenza ogni fornitore o dissipatore di qualità. Il ruolo della direzione nel TQM è quello di alimentare un approccio flessibile alla qualità che deve essere adattato da ogni reparto, in linea con gli obiettivi aziendali e con le esigenze dei clienti e degli stakeholder. Dopo aver definito la strategia, essa funge da forza motivante per l'attuazione a tutti i livelli dell'azienda. Comporta la responsabilizzazione dei dipendenti, creando team dipartimentali e interfunzionali per proporre approcci alla soluzione dei problemi di qualità e offrire raccomandazioni per il miglioramento (Abahe, n.d.).

Sei Sigma

Questa tecnica è stata introdotta alla Motorola negli anni '80 per misurare e aumentare i processi di produzione ad alto volume. È stata sviluppata per misurare statisticamente non più di 3,4 difetti per milione. Aziende come Ford e Chrysler hanno dichiarato che il Six Sigma ha permesso loro di risparmiare miliardi di dollari. Migliora i processi utilizzando strumenti come il controllo statistico dei processi (SPC), la gestione della qualità totale (TQM) e la progettazione degli esperimenti (DOE). Può far parte dello sviluppo di nuovi prodotti, della pianificazione dei fabbisogni di materiali (MRP) e del controllo delle scorte just-in-time (JIT). Inizialmente era considerato un sistema applicabile solo alle aziende manifatturiere, ma di recente è stato applicato a processi non manifatturieri come la contabilità, la fatturazione, il marketing, i sistemi informativi, e si è dimostrato un successo. Le sue fasi sono:

- Suddividere il flusso del processo in fasi separate.
- Definire i difetti.
- Misurare il numero di difetti.
- Ispezionare la causa principale.
- Implementare le modifiche per migliorare.
- Misurare nuovamente il miglioramento.
- Visione a lungo termine degli obiettivi (Abahe, n.d.).

Il ruolo dei clienti nella determinazione della qualità

L'inclusione dei clienti in un programma di qualità può prendere diverse strade, tra cui il costo della perdita di un cliente, la percezione della qualità da parte del cliente e il livello di soddisfazione dei clienti. Nei settori dei servizi come le banche, la qualità viene misurata in termini di tassi di fidelizzazione dei clienti e di costo della perdita di un cliente. Se il tipico metodo contabile fosse in grado di rilevare il costo assoluto della perdita di un cliente, sarebbe facile per i manager allocare la quantità assoluta di risorse necessarie per mantenere i clienti. Nel tempo, i clienti produrranno maggiori profitti quanto più a lungo resteranno con la stessa azienda. L'apparente qualità dei clienti porta a fare riferimento ai clienti stessi; nei settori dei servizi, i riferimenti sono pari a più del 60% del nuovo business. Se un'azienda riesce ad aumentare il numero di referenze incrementando la qualità, otterrà un notevole aumento dei ricavi (Abahe, n.d.).

Ruolo dell'analisi dei dati e della statistica nella determinazione della qualità

L'analisi statistica è alla base del processo di miglioramento della qualità. Il controllo statistico dei processi (SPC) è il fattore decisionale dei sistemi di qualità. Misura i sistemi di qualità e ne consente il controllo. L'analisi statistica fornisce le misurazioni necessarie per prendere decisioni di gestione. L'SPC è stato sviluppato da Walter Shewart negli anni Trenta. Deming ha ripreso il concetto di Shewart e lo ha applicato al SGQ, ritenendo che l'SPC fosse necessario poiché la variazione fa parte di qualsiasi processo, in quanto è molto improbabile che due prodotti/servizi, se realizzati con la stessa procedura e lo stesso operatore, siano identici (Abahe, n.d.).

Ruolo delle carte di controllo nella determinazione della qualità

Le carte di controllo comunicano efficacemente le informazioni. Si tratta di un processo in cui tutti i risultati devono rientrare nei limiti specificati. Il limite di controllo superiore (UCL) e il limite di controllo inferiore (LCL) e tutti i punti che rientrano tra questi due limiti. Se ciò avviene, significa che il processo è gestito e gestito correttamente.

Il ruolo dell'audit nella determinazione della qualità

L'audit consente a tutti i soggetti coinvolti di verificare se il sistema funziona correttamente e se gli obiettivi vengono raggiunti. Motiva i dipendenti e consente di ottenere premi e riconoscimenti. L'audit del SGQ di ogni azienda varia. Le industrie di servizi hanno sistemi di audit diversi da quelli di un'organizzazione manifatturiera, ma il risultato finale dei sistemi è lo stesso. Ecco alcuni esempi di sistemi di audit utilizzati nelle aziende di servizi come le banche (Abahe, n.d.).

I Mystery Shopper vengono inviati nelle aziende per interagire con i dipendenti, valutare la qualità del servizio e riferire alla direzione. Questi rapporti vengono prodotti per i dipendenti (Abahe, n.d.).

I sondaggi tra i clienti servono a scoprire come l'azienda viene vista dai consumatori. Ottenere input diretti dai clienti è inestimabile e dovrebbe essere fatto in ogni azienda (Abahe, n.d.).

Le Nuove Misure del Cliente sono molto efficaci per valutare i livelli di qualità. I clienti che sono molto soddisfatti del servizio lo diranno ad altri. Il 60% dei nuovi clienti delle società di servizi proviene da segnalazioni (Abahe, n.d.).

La qualità dei servizi serve come base per il SGQ nell'industria dei servizi per valutare e controllare il livello di qualità dei servizi. Per ogni reclamo onesto ricevuto, ci saranno più di 20 clienti che ritengono di aver avuto delle difficoltà, e almeno il 25% di queste difficoltà potrebbe essere oggetto di un'indagine approfondita. I clienti che fanno un reclamo, più della metà torneranno se il reclamo viene affrontato e risolto. Se il reclamo viene risolto rapidamente e il cliente sente che l'azienda si preoccupa dei suoi clienti, il numero sale al 100%. Se il reclamo non viene individuato, il cliente medio racconterà l'esperienza negativa a più di otto persone. Se invece il reclamo viene individuato, il cliente racconterà l'esperienza positiva ad almeno altre cinque persone. In media costa sei volte di più acquisire un nuovo cliente che mantenerne uno esistente (Abahe, n.d.).

I 7 strumenti di controllo della qualità

I 7 strumenti di base per la qualità hanno reso l'analisi statistica meno complessa, presentando buoni ausili visivi per rendere più comprensibile il processo statistico e di controllo della qualità.

> **Diagramma causa-effetto**

organizza e mostra la correlazione delle varie teorie con la causa principale del problema. Concentrandosi sulle possibili ragioni di una specifica ostruzione in un metodo organizzato, il diagramma consente a un team di problem solving di chiarire il proprio pensiero sulle cause potenziali e permette al team di lavorare in modo più produttivo per scoprire la vera causa (o le vere cause). È stato inventato da Kaoru Ishikawa ed è noto anche come diagramma a lisca di pesce (Stockhoff, 2010).

> **Fogli di controllo**

sono utilizzati per raccogliere e analizzare i dati. Si tratta di un tipo di grafico che è formattato in modo da consentire di trarre conclusioni immediate in relazione ai dati, ai modelli e alle tendenze.

> **Diagramma di flusso**

È una rappresentazione grafica della sequenza di passaggi necessari per produrre un determinato output. L'output può essere un prodotto, un servizio, un'informazione o una combinazione dei tre.

I diagrammi di flusso favoriscono la comprensione dei processi, aiutano nella formazione, aiutano a identificare i problemi e migliorano le prospettive.

> **Istogramma**

è un riassunto grafico della variazione di un insieme di dati. Riassumono graficamente grandi insiemi di dati, confrontando le misure con le specifiche, comunicando le informazioni al team e aiutando nel processo decisionale. In questo progetto, la banca (UNB) utilizza gli istogrammi per prendere decisioni importanti.

> **Analisi di Pareto**

è uno strumento utilizzato per stabilire le priorità, dividendo gli effetti contributivi in "pochi vitali" e "molti utili". Un diagramma di Pareto comprende tre elementi fondamentali: (1) i fattori che contribuiscono all'effetto totale, classificati in base all'entità del contributo, (2) l'entità del contributo di ciascuno espresso numericamente e (3) la percentuale cumulativa dell'effetto totale dei fattori classificati. I diagrammi di Pareto non sono così comunemente presenti nel software come altri tipi di strumenti di analisi grafica. Questo strumento suddivide il problema in parti più piccole, identifica i fattori più significativi, mostra al team dove concentrarsi e consente un uso migliore delle risorse limitate.

> **Diagrammi di dispersione**

vengono utilizzati per studiare e identificare la relazione tra i cambiamenti osservati in due diversi gruppi di variabili, utilizzando il metodo della regressione.

> **Controllo statistico dei processi**

I processi operativi devono essere eseguiti nei loro confini specificati per rispettare le fasi di pianificazione e ottimizzazione del SGQ. Implementa le statistiche per valutare le disparità all'interno di un processo (eventi che trasformano gli input in output finali). È in grado di identificare cause particolari di disparità nei confini del processo e nei prodotti finiti. Aiuta a moderare la disparità, contrapponendo i dati di attuazione del processo ai limiti calcolati come linee sul grafico. Le disparità possono essere: Disparità comuni - intrinseche al metodo e Disparità speciali - motivo di disparità estreme (Stockhoff, 2010).

Premio di eccellenza Sheikh Khalifa (SKEA)

La visione di SKEA è quella di mettere in grado le persone e le organizzazioni di Abu Dhabi e degli Emirati Arabi Uniti di arricchire le loro prestazioni, la loro competitività e di raggiungere una posizione di livello mondiale per la comunità imprenditoriale in generale. La sua missione è lavorare collettivamente per offrire tutto il supporto indispensabile alla comunità imprenditoriale di Abu Dhabi e degli Emirati Arabi Uniti nel perseguire l'eccellenza aziendale attraverso una più ampia progressione, disparità e ricezione di best practice globali innovative negli approcci e nella presentazione dell'eccellenza come via per il miglioramento continuo (SKEA, 2015).Lo Sheikh Khalifa Excellence Award (SKEA) è stato avviato dalla Camera di Commercio e Industria di Abu Dhabi (ADCCI) nel 1999. È stata la prima piattaforma di Abu Dhabi a essere conforme alle best practice globali per l'implementazione del modello di eccellenza EFQM. Oltre 10.000 amministrazioni negli Emirati Arabi Uniti hanno utilizzato il modello EFQM e centinaia di persone contribuiscono annualmente ai suoi cicli di valutazione, dove ogni anno decine di persone sono ammesse a ricevere i premi SKEA conferiti da S.A.R. il Principe Ereditario di Abu Dhabi. È l'appassionato di strategia che fornisce metodi per lo sviluppo delle persone in termini di informazioni, competenze, approcci e sviluppo del sistema attraverso la produttività cumulativa per ottenere i risultati desiderati (SKEA, 2015).

Le tre categorie del Premio SKEA sono:

1. SKEA - Categoria Diamante
2. SKEA - Categoria Oro
3. SKEA - Categoria Argento

Il Certificato di apprezzamento - consegnato ai candidati di tutti i settori che hanno raggiunto l'eccellenza, secondo i suggerimenti dei giudici. I settori coperti sono: Manifatturiero; Servizi; Commercio; Edilizia; Finanza; Turismo; Settore professionale e sanitario (SKEA, 2015).

Procedura per richiedere la SKEA

1. **Migliorare l'impegno - il** top management completa l'autovalutazione e contatta SKEA per il modulo di registrazione, che viene compilato e firmato dal CEO dell'azienda. I dirigenti vengono formati per il miglioramento continuo.

2. **Proporre l'autovalutazione -** questo viene fatto per i senior e i middle manager, dove si decide l'ambito dell'organizzazione e i confini del gruppo.

3. **Squadre per l'autovalutazione e la formazione -** Vengono create squadre per l'autovalutazione e la formazione.

4. **Comunicare le strategie di autovalutazione:** si decide il messaggio e il canale per comunicare l'autovalutazione.

5. **Realizzare l'autovalutazione -** si decide la tecnica per condurre l'autovalutazione.

6. **Piano d'azione - si** rivedono le autovalutazioni, si assegnano i compiti e si condivide il piano d'azione.

7. **Attuazione del piano d'azione -** creazione di team per gestire i progressi e assegnare le risorse. Governare l'esecuzione (SKEA, 2015).

Modello di eccellenza EFQM

Il Modello si basa sul presupposto che i risultati eccellenti in termini di performance, clienti, persone e società si ottengono attraverso la leadership che guida la strategia, le persone, le partnership e le risorse e i processi, i prodotti e i servizi (SKEA, 2015).

Criteri

Abilitatori 50%	Risultati 50%
Leadership - 10%	Risultati dei clienti - 15%
Strategia - 10%	Risultati delle persone - 10%
Persone - 10%	Risultati della società - 10%
Partenariati e risorse - 10%	< ey Risultati delle prestazioni - 15%
Processi, prodotti e Servizi - 10%	

Fondazione europea per la gestione della qualità (EFQM) (SKEA, 2015)

Leadership

Le aziende eccellenti hanno leader che plasmano il futuro, come modelli di valori ed etica. Essi consentono alle aziende di assumere e rispondere in modo tempestivo per prosperare (SKEA, 2015).

Strategia

Le aziende eccellenti realizzano la loro missione e visione creando un approccio incentrato sugli stakeholder. Politiche, piani, scopi e procedure vengono preparati ed eseguiti per guidare la strategia (SKEA, 2015).

Partenariati e risorse

Le aziende eccellenti pianificano e ottengono partnership esterne, fornitori e risorse interne per sostenere la strategia e i processi.

Governano la loro influenza sull'ambiente e sulla società. I partner e i fornitori sono gestiti per ottenere vantaggi sostenibili. Le finanze proteggono la continuità dei risultati. Le costruzioni, gli apparati, le risorse e l'energia sono gestiti in modo continuativo. La tecnologia viene gestita per guidare il piano. Le decisioni sul controllo delle informazioni e dei dati rendono le aziende positive (SKEA, 2015).

Procedure, prodotti e servizi

Le aziende eccellenti governano e portano avanti i processi, i prodotti e i servizi per intensificare il valore per i clienti e gli investitori. I processi vengono misurati per migliorare il valore per gli investitori. I prodotti/servizi sono riconosciuti per migliorare il valore per i clienti. I prodotti/servizi sono sostenuti, pubblicizzati, modellati, trasportati e misurati in modo efficiente. Le relazioni con i clienti vengono misurate e migliorate (SKEA, 2015).

Persone

Le aziende eccellenti valorizzano le loro persone e generano una filosofia per il raggiungimento equo degli obiettivi organizzativi. La giustizia e l'equità sono sostenute (SKEA, 2015).

Risultati dei clienti

La realizzazione delle imprese da parte dei clienti esterni, attraverso la definizione di indicatori di performance e di risultati per l'attuazione della strategia, si basa sulle esigenze e sulle aspettative dei clienti. Le aziende stabiliscono chiari parametri per i risultati chiave in base alle esigenze e alle prospettive dei clienti, in linea con il piano (SKEA, 2015).

Risultati delle persone

Il raggiungimento degli obiettivi aziendali per le persone, attraverso l'evoluzione degli indicatori di performance e delle conseguenze del piano di guida in base alle esigenze e alle prospettive delle persone (SKEA, 2015).

Risultati della società

La realizzazione di imprese in linea con la società locale e globale, attraverso l'evoluzione dei KPI e dei risultati per guidare il loro piano sociale e ambientale secondo i desideri e le prospettive degli investitori esterni (SKEA, 2015).

Risultati chiave delle prestazioni

Il raggiungimento delle aziende per la loro presentazione deliberata, attraverso l'evoluzione dei KPI e dei risultati per guidare i loro piani finanziari e non finanziari secondo i desideri e le prospettive dei loro investitori chiave (SKEA, 2015).

Banca nazionale dell'Unione (UNB)

Negli Emirati Arabi Uniti, il gruppo Union National Bank comprende: Union Brokerage Company; Al Wifaq Finance Company e Injaz Marketing Management. È inoltre presente in Egitto, Qatar, Kuwait e Shanghai. La sua visione (2010 - 2018) è quella di essere la migliore nel settore bancario degli Emirati Arabi

Uniti. La sua missione (2013 - 2015) è quella di far crescere il valore degli investitori e sostenere la stabilità finanziaria attraverso la creatività, lo sviluppo del personale e l'eccellenza nel servizio al cliente. I suoi valori fondamentali sono l'attenzione al cliente, la promozione del personale, l'onestà e la chiarezza, lo spirito di squadra, lo sviluppo continuo, le migliori pratiche e l'appartenenza responsabile alla comunità. È stata lanciata come società per azioni pubblica ad Abu Dhabi con un decreto degli Emiri nel 1982. È l'unica banca degli Emirati Arabi Uniti le cui azioni sono detenute dai governi di Abu Dhabi e Dubai; 60% governo (50% Abu Dhabi Investment Council e 10% Investment Corporation of Dubai) e 40% pubblico (locali ed espatriati). Ha uno staff di oltre 1600 persone di più di 30 nazionalità (Anjum, 2013).

Erogazione di servizi in UNB

UNB offre ai suoi clienti una rete di 63 filiali e 209 sportelli automatici negli EAU. I clienti aziendali sono serviti dai Corporate Banking Centers. I suoi servizi sono: Uninet Internet Banking; Unicall Telephone Banking (IVR); Call Centre 24x7; servizio di notifica via SMS; i clienti del Private Banking sono serviti da Relationship Manager; i clienti dell'Islamic Banking sono serviti dalla filiale UNB Al Wifaq Finance e l'unità di Customer Care impegnata controlla il feedback dei clienti (Anjum, 2013).

Unità operative in UNB

- Banca al dettaglio
- Piccole e medie imprese (PMI)
- Corporate Banking
- Tesoreria e investimenti
- Divisione Istituzioni finanziarie e finanza strutturata
- Divisione Private Banking e Wealth Management
- Il sistema bancario islamico (Anjum, 2013)

Partecipazione al premio SKEA presso la UNB

- Impegno del top management
- Iniziare con largo anticipo, 7-8 mesi prima della presentazione finale.
- Formazione di un comitato direttivo e di un team interfunzionale guidato dai team leader.
- Autovalutazione / Analisi delle lacune
- Valutare il rapporto di feedback
- Lacune per i Quick Wins e Piano d'azione per i piani a lungo termine
- Valutazione continua della bozza di presentazione
- Redazione finale della domanda e stampa
- Pianificazione della visita in loco con accumulo di fatti
- Il comitato direttivo offre guida e supporto (Anjum, 2013)

Impegno per la qualità

L'Alta Direzione dell'UNB ha dotato di risorse un dipartimento dedicato alla Qualità Totale e all'Eccellenza Aziendale (TQ & BE) con le seguenti funzioni:

• Implementazione di un sistema di gestione integrato che comprende

ISO 9001 (QMS), ISO 14001 (EMS), OHSAS 18001 e ISO 10002 (gestione dei reclami) e certificazioni ISO.

• Appoggiare e contribuire ai premi di eccellenza aziendale (come lo SKEA).

• Accordi sui livelli di servizio - Valutazione, capacità, verifica.

• Standard di servizio - Introduzione e verifica della conformità.

• Gestione del feedback dei clienti da parte dell'unità Customer Care.

• Appoggiare il coinvolgimento dei dipendenti attraverso "SFIDA" - Accordo di proposta del personale.

• Input pianificati per le imprese e i gruppi di supporto (Anjum, 2013).

Sistema di gestione integrato (IMS) - Componenti presso UNB

• ISO 9001:2008 (Sistema di gestione della qualità)

• ISO 14001:2004 (Sistema di gestione ambientale)

• OHSAS 18001:2007 (Sistema di gestione della salute e della sicurezza sul lavoro)

- ISO 10002 (reclamo del cliente)
- ISO 27001 (sicurezza delle informazioni)
- ISO 31000 (Gestione del rischio)
- ISO 26000 (Responsabilità sociale)
- Principi generali riconosciuti per accompagnare il SGQ (ISO 9001) - come il SGA (ISO 14001), OHSAS 18001 nella prima fase (Anjum, 2013).

IMS - Metodo e consegna

- Un team trasversale di tutta l'UNB è stato riconosciuto e formato sugli standard SGA, OHSAS e ISO.
- 40 auditor interni del Sistema di Gestione Integrato formati.
- Analisi dei divari a livello di banca.
- Registro degli aspetti e dei pericoli (rischi) compilato per ogni filiale, sede centrale e sede UNB.
- Manuale IMS e azioni correlate più 6 processi obbligatori del SGQ.
- Requisiti legali e obiettivi IMS per ambiente, salute e sicurezza.
- Test di portabilità degli apparecchi (PAT) per tutti i dispositivi elettrici.
- Valutazione delle apparecchiature DSE (Display Screen Equipment) e delle postazioni di lavoro.

- Prestazioni ambientali e di sicurezza sul lavoro per clienti aziendali.
- Monitoraggio della qualità dell'aria interna mediante la misurazione di "Lux" e "Livello di rumore".
- Audit interni ed esterni IMS ogni 6 mesi.
- Tutte le filiali sono sottoposte a un audit interno del SGI almeno una volta all'anno.
- Tutte le divisioni e i dipartimenti sono visitati a campione ogni sei mesi durante gli audit interni ed esterni.
- Revisioni biennali della gestione.
- Riduzione del consumo di carta (carta riciclata, stampa fronte/retro, rapporti elettronici).
- Riduzione del consumo energetico (luci a risparmio energetico, interruttori, sensori di movimento, comandi CA).
- Riduzione del consumo di acqua.
- Politica di gestione dei rifiuti e accordo con fornitori esterni per lo smaltimento ecologico di carta, plastica, latta, vetro; toner di rifiuti elettronici, hardware per computer, fotocopiatrici e fax.
- Situazioni di emergenza (incendi, medici e ostaggi) ed esercitazioni simulate su situazioni di emergenza identificate.
- Personale antincendio e di primo soccorso addestrato.
- ISO 22301 (Gestione della continuità operativa)

- ISO 50001 (Sistema di gestione dell'energia)

- Premi di eccellenza aziendale negli Emirati Arabi Uniti; DQA, SKEA, MRM Business Award, premi regionali e internazionali come il premio EFQM.

- Reporting di sostenibilità (da GRI 3.1 a GRI 4) (Anjum, 2013).

Risultati principali

- L'UNB è stata riconosciuta nella lista World Finance 100 per il 2011.

- Prima banca commerciale al mondo ad essere certificata dal Lloyd's Register Quality.

- Assurance (LRQA) Ltd. all'IMS per 3 standard, ISO 9001, ISO 14001 e OHSAS 18001 per la banca e le sue operazioni nelle filiali.

- Classificato tra i primi 2 per quanto riguarda il servizio clienti, secondo le indagini di benchmarking sulla soddisfazione dei clienti condotte da rinomate agenzie di ricerca di mercato esterne.

- Il sistema di gestione dei reclami di UNB è certificato secondo gli standard ISO 10002.

- L'UNB ha vinto il premio Sheikh Khalifa Excellence

Award (SKEA) categoria Oro per il 2nd ciclo consecutivo (2009) (Anjum, 2013).

Sostenibilità chiave Punti	Problemi
Attenzione al cliente	• Servizio clienti e consegna di alta qualità • Prodotti e servizi avanzati
Cura di I dipendenti	• Diversità e emiratizzazione • Assegnazione, soddisfazione, formazione e crescita dei dipendenti
Attenzione alla società e ai partner commerciali	• Pianificare l'impresa comunitaria • Presenza sociale e conoscenze finanziarie • Partner commerciali tattici e relazioni forti
Cura di Ambiente	• Operazioni competenti • Proteggere l'ambiente facendo banca in modo responsabile • Registri dei rischi per tutte le sedi
Cura aboι Azionisti	j - Forte presentazione finanziaria e ritorno per gli investitori - Forte controllo sulla gestione del rischio, conformità, chiarezza e responsabilità

(Anjum, 2013)

Sostenibilità chiave Punti	Punto di vista UNB	2012 Assicurazione
Cura di I clienti	UNB offre servizi e assistenza di alta qualità a tutti i suoi clienti presenti e futuri. Fornisce prodotti/servizi creativi e di prospettiva a lungo termine, facendo crescere la propria base di clienti nei segmenti attuali e futuri.	Valutare tutti i prodotti di vendita al dettaglio per caratterizzare le prospettive di incorporazione valori. Coinvolgere i clienti aziendali per mantenere i risultati e gli esiti a lungo termine.

(Anjum, 2013)

Sistemi di gestione integrati - UNB è la prima banca commerciale al mondo a essere certificata secondo il Sistema di Gestione Integrato (SGI) che comprende gli standard ISO9001, ISO14001 e OHSAS18001. Con la sostenibilità, la banca intende controllare i propri sistemi per ottenere prestazioni migliori che le diano un vantaggio competitivo in base alle esigenze e alle aspirazioni dei suoi investitori (Union National Bank, 2011).

Leadership - Sostenibilità e supervisione pubblica per migliorare la capacità e la chiarezza delle prestazioni.

Innovazione - Lavorare con gli investitori per dimostrare che l'UNB si preoccupa di evolvere i prodotti/servizi per la crescita finanziaria, tenendo conto del benessere ambientale e sociale. La Banca promuove la sostenibilità nella sua catena del valore e nel suo lavoro, mettendo le persone in grado di rinnovare i prodotti sostenibili per i processi attuali. La Banca si concentra sui propri clienti come investitori chiave, soddisfacendo le loro esigenze, coinvolgendoli nella crescita e nell'introduzione di nuovi prodotti/servizi che incorporino benefici finanziari e benefici ambientali e sociali. Ha più di 200.000 clienti al dettaglio che sono serviti dalla sua rete con una serie di strutture. Circa il 37% dei clienti della banca ha una relazione di 5 anni con essa (Union National Bank, 2011).

Prodotti e servizi - L'UNB offre una varietà di prodotti/servizi, rispondendo alle esigenze della clientela ordinaria e aziendale. Si occupa di: retail, corporate, PMI, immobiliare, islamico e private banking per clienti con un elevato patrimonio netto, fornendo prodotti/servizi convenzionali e conformi alla Shari'ah. Nello sviluppo dei prodotti/servizi si tiene conto della creatività e dell'innovazione come tecnica di crescita del prodotto. Il feedback viene raccolto dai partner interni ed esterni per creare, progettare e offrire prodotti/servizi unici che rispondano alle esigenze dei clienti. La banca conduce una serie di indagini attraverso il dipartimento di Ricerca e Sviluppo Commerciale che lavora in coordinamento con il team di Sviluppo Prodotti per ottenere il feedback dei clienti. Ad esempio, SMART

Account è un conto di grande valore che affronta il problema della perdita inaspettata del lavoro. Il cliente ha la possibilità di scegliere una prestazione assicurativa di 50.000 AED al mese per un periodo di 12 mesi. Il cliente ha inoltre diritto a una copertura di 200.000 AED in caso di morte (Union National Bank, 2011).

Strumento di controllo della qualità all'UNB - Istogrammi

La banca (UNB) utilizza gli istogrammi per prendere decisioni importanti.

Creare un istogramma

1. Conteggio del numero di punti dati

2. Riassumere su un foglio di conteggio

3. Calcolo dell'intervallo
4. Determinare il numero di intervalli
5. Calcolo dell'ampiezza dell'intervallo
6. Determinare i punti di partenza degli intervalli

7. Conta il numero di punti in ogni intervallo

INTERVAL NUMBER	STARTING VALUE	INTERVAL WIDTH	ENDING VALUE	NUMBER OF COUNTS
1	-180	60	-120	3
2	-120	60	-060	5
3	-060	60	000	13
4	000	60	060	20
5	060	60	120	22
6	120	60	180	24
7	180	60	240	20
8	240	60	300	18
9	300	60	360	8
10	360	60	420	4

Is equal to or greater than the STARTING VALUE — But less than the ENDING VALUE

8. Tracciare i dati

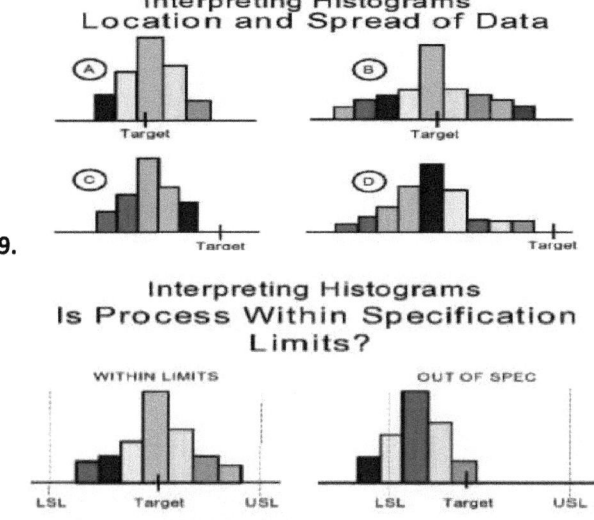

9.

(7 Strumenti di qualità, 2015)

La Banca dispone di un'unità dedicata all'assistenza ai clienti e di un'unità di ricerca e sviluppo.

Divisione Sviluppo che conduce indagini periodiche sulla soddisfazione dei clienti e ne monitora il feedback attraverso vari strumenti come le indagini di mystery shopping.

Assistenza e soddisfazione del cliente

Per plasmare, preservare e accrescere il rapporto e la conoscenza dei propri clienti, vengono condotte regolarmente indagini indipendenti sulla soddisfazione dei clienti per ogni gruppo aziendale di UNB. Ad esempio, nel 2011 UNB ha raggiunto una percentuale di soddisfazione totale dei clienti dell'87% tra i clienti retail e dell'82% tra i clienti corporate.

	2009	2010	2011
Retail Banking customer satisfaction	85%	88%	87%
Corporate banking customer satisfaction	81%	79%	82%

L'Unità di assistenza clienti di UNB offre ai clienti diversi mezzi per esprimere le proprie opinioni o per porre domande attraverso telefoni e indirizzi e-mail dedicati. Inoltre, incoraggia i clienti a esprimere la propria opinione attraverso i moduli di feedback "Viewpoint", disponibili presso tutte le filiali. Tutti i reclami ricevuti vengono analizzati per conoscerne la causa principale e intraprendere azioni correttive e preventive. I rapporti obbligatori vengono presentati regolarmente ai dirigenti competenti e da questi vengono elaborati piani d'azione per affrontare le aree da sviluppare in modo tempestivo. Il processo di risoluzione dei reclami è esclusivo, in quanto per tutti i reclami risolti viene effettuato un endorsement sovrano. Nel caso in cui il cliente non sia completamente soddisfatto della risposta, il caso viene riaperto per essere esaminato. Il sistema di gestione dei reclami di UNB è certificato secondo gli standard ISO10002. Dispone inoltre di un piano di continuità operativa (BCP) e di un sito di disaster recovery. I test del BCP vengono effettuati annualmente dal sito BCP per garantire che le attività critiche riconosciute possano essere condotte e che i clienti possano essere serviti senza alcun incidente da un luogo non convenzionale nel caso in cui la sede principale non sia disponibile (Union National Bank, 2011).

Soggetto interessato	Soggetto interessato Esigenze	Metodo di Il fidanzamento	Come l'UNB si preoccupa
UNB Clienti	Prodotti e servizi avanzati	Indagini e ricerche sulla soddisfazione dei clienti	Assistenza clienti eccellente
	Canali bancari sostitutivi e adattabili	Visite di Mystery Shopper	Rapporti sui feedback dei clienti e sui sondaggi di soddisfazione utilizzati per la pianificazione tattica e aziendale
	Servizio di alta qualità	Rete di filiali e sportelli automatici in espansione	Riunioni periodiche della direzione e dei clienti UNB
	Accesso semplificato a progetti, prestiti aziendali e personali	Call center 24x7, sito web, e-mail, fax e di persona.	Visite di mystery shopper
		Riunioni della direzione e dei clienti UNB	Prodotti/servizi conformi alla Shari'ah

(Union National Bank, 2011)

Conclusione

In un settore competitivo, è un errore rimanere fermi e dare ai concorrenti l'opportunità di superare la vostra organizzazione. Pertanto, la qualità è un viaggio, non un obiettivo. È un processo continuo e senza fine. L'utilizzo della ISO 9001:2000 e di una Carta del Servizio Clienti come parte della prassi aziendale standard fornisce uno schema ideale per dimostrare ai clienti che l'organizzazione apprezza i propri clienti e vuole fornire il miglior prodotto/servizio possibile.

L'Union National Bank si sforza di aumentare la propria base di clienti e per questo modella, preserva e accresce il rapporto e la conoscenza dei propri clienti attraverso indagini indipendenti sulla soddisfazione dei clienti per ogni gruppo aziendale dell'UNB su base regolare.

La Banca dispone di un'unità dedicata all'assistenza clienti e di una divisione di ricerca e sviluppo commerciale che conduce regolarmente indagini sulla soddisfazione dei clienti e ne monitora il feedback attraverso vari strumenti come le indagini di mystery shopping. L'unità di assistenza clienti della Banca offre ai clienti diversi mezzi per esprimere le proprie opinioni o porre domande attraverso telefoni e indirizzi e-mail dedicati. Inoltre, incoraggia i clienti a esprimere la propria opinione attraverso i moduli di feedback "Viewpoint", disponibili in tutte le filiali. Tutti i reclami ricevuti vengono analizzati per conoscere la causa principale e intraprendere azioni correttive e preventive. Il sistema di gestione dei reclami di UNB è certificato secondo gli standard ISO10002.

Riferimenti

7 Strumenti di qualità. (2015). *7 Strumenti per la qualità.* Recuperato da http://www3.ha.org.hk/qeh/wiser/doc/7bqt.pdf

Abahe. (n.d.). *Sistemi di gestione della qualità: Capitolo 14.* Recuperato da http://www.abahe.co.uk/business-administration/Quality- Management-Systems.pdf

Anjum, T. (2013). *Implementare un sistema di gestione integrato per promuovere l'eccellenza aziendale.* Recuperato da Share Best Practice Conference & Exhibition 2013.

Parker, J. R. (n.d.). *Qualità e pratiche commerciali.* Recuperato da https://www.fig.net/pub/proceedings/korea/full-papers/pdf/session12/parker.pdf

SKEA. (2014). *SKEA: Settori.* Recuperato da Sheikh Khalifa Excellence Award: http://www.skea.ae/English/AboutAward/Pages/Sectors.aspx

SKEA. (2015). *Criteri - Risultati dei clienti.* Recuperato da Sheikh Premio KhalifaExcellence : http://www.skea.ae/English/Criteria/Pages/Customer-Results.aspx

SKEA. (2015). *Criteri - Risultati chiave delle prestazioni.* Recuperato da Sheikh KhalifaExcellenceAward : http://www.skea.ae/English/Criteria/Pages/Key-Performance-

Results.aspx

SKEA. (2015). *Criteri - Partenariati*. Recuperato da Sheikh Khalifa
Premio di eccellenza   :
http://www.skea.ae/English/Criteria/Pages/Partnerships.aspx
SKEA. (2015). *Criteri - Persone*. Recuperato da Sheikh Khalifa
Premio di eccellenza   :
http://www.skea.ae/English/Criteria/Pages/People.aspx
SKEA. (2015). *Criteri - Risultati delle persone*. Recuperato da
Sheikh Khalifa
Premio di eccellenza   :
http://www.skea.ae/English/Criteria/Pages/People-Results.aspx
SKEA. (2015). *Criteri - Processi*. Recuperato da Sheikh Khalifa
Premio di eccellenza   :
http://www.skea.ae/English/Criteria/Pages/Processes.aspx
SKEA. (2015). *Criteri - Risultati della società*. Recuperato da
Sheikh Khalifa
Premio di eccellenza   :
http://www.skea.ae/English/Criteria/Pages/Society-
Risultati.aspx
SKEA. (2015). *Criteri - Strategia*. Recuperato da Sheikh Khalifa
Premio di eccellenza   :
http://www.skea.ae/English/Criteria/Pages/Strategy.aspx
SKEA. (2015). *Criteri: Leadership*. Recuperato da Sheikh Khalifa
Premio di eccellenza   :
http://www.skea.ae/English/Criteria/Pages/Leadership.aspx
SKEA. (2015). *SKEA: Criteri*. Recuperato dal sito Sheikh Khalifa

Excellence.

Premio:

http://www.skea.ae/English/Criteria/Pages/Default.aspx

SKEA. (2015). *SKEA: come candidarsi*. Recuperato da Sheikh Khalifa Excellence Award: http://www.skea.ae/English/The- Award- Office/Pages/How-to-Apply.aspx

SKEA. (2015). *SKEA: Introduzione*. Recuperato da Sheikh Khalifa ExcellenceAward   : http://www.skea.ae/English/AboutAward/Pages/Introduction.a spx

SKEA. (2015). *SKEA: Visione e missione*. Recuperato da Sheikh Khalifa ExcellenceAward   : http://www.skea.ae/English/AboutAward/Pages/VisionAndMiss ion.aspx

Stockhoff, B. (2010). CAPITOLO 18 - Strumenti fondamentali per progettare, controllare e migliorare le prestazioni. In J. Juran, *Juran's Quality Handbook: The Complete Guide to Performance Excellence*. New York: McGraw-Hill Professional.

Union National Bank . (2011). *Rapporto di sostenibilità 2011 della Union National Bank* . http://www.unb.co.ae/English/SustainRpt2011.pdf

Printed by Books on Demand GmbH, Norderstedt / Germany